La bondad

por Sam Williams

Consultora de contenido:
Melissa Z. Pierce, L.C.S.W.

WITHDRAWN

rourkeeducationalmedia.com

www.rourkeeducationalmedia.com

Dedication: To Michelle-for the adventures and friendship! Sam

Melissa Z. Pierce is a licensed clinical social worker with a background in counseling in the home and school group settings. Melissa is currently a life coach. She brings her experience as a L.C.S.W. and parent to the *Little World Social Skills* collection and the *Social Skills and More* program.

PHOTO CREDITS: Cover: © wavebreakmedia ltd; page 3: © Goldmund Lukic; page 5: © Chris Bernard; page 7: © Monkey Business Images; page 9: © Monkey Business Images; page 11: © Christopher Futcher; page 13: © Chris Bernard; page 15: © Christopher Futcher; page 17: © Christopher Futcher; page 19: © Darrin Henry; page 20: © Dmitriy Shironosov; page 23: ©Photos.com (glove and ball)

Illustrations by: Anita DuFalla
Edited by: Precious McKenzie
Cover and Interior designed by: Tara Raymo
Translation by Dr. Arnhilda Badía

Williams, Sam
La bondad / Sam Williams
ISBN 978-1-63155-101-7 (hard cover - Spanish)
ISBN 978-1-62717-372-8 (soft cover - Spanish)
ISBN 978-1-62717-556-2 (e-Book - Spanish)
ISBN 978-1-61810-131-0 (hard cover - English)(alk. paper)
ISBN 978-1-61810-264-5 (soft cover - English)
ISBN 978-1-61810-390-1 (e-Book - English)
Library of Congress Control Number: 2014941439

Rourke Educational Media
Printed in the United States of America,
North Mankato, Minnesota

Also Available as:

ROURKE'S
e-Books

Rourke
Educational Media

rourkeeducationalmedia.com
customerservice@rourkeeducationalmedia.com • PO Box 643328 Vero Beach, Florida 32964

Compartir significa usar algo
con otros o **turnarse**.

Tú puedes **compartir** tus cosas con tu **familia**.

¿Cómo compartes
con tu familia?

Tú puedes compartir tu videojuego.

Cuando tus amigos te visitan, tú puedes compartir la merienda con ellos.

Tú puedes compartir el **equipamiento** deportivo con tu **equipo.**

Tú puedes compartir tus crayones de colores con tus compañeros de clase para que todos puedan hacer su trabajo.

¡Muy buena manera de compartir!

Tú puedes compartir cuando **juegas** en el parque.

Nosotros nos turnamos.

Tú puedes compartir tu asiento cuando viajas en autobús.

¿De qué otras formas compartes cada día?

Qué harías...

¿Si tuvieras un juguete con el que todos quisieran jugar?

¿Si vieras a alguien que no quiere compartir?

¿Si estuvieras jugando un juego de mesa y tu amigo no quiere esperar su turno?

Glosario ilustrado

compartir:
Usar algo en común o participar en alguna cosa con otros.

familia:
Un grupo de personas relacionadas unas con otras.

equipamiento:
Los instrumentos necesarios para hacer alguna cosa.

equipo:
Grupo de personas que trabajan o juegan juntas.

jugar:
Participar en un juego.

turnarse:
Darle la oportunidad a otros de hacer algo.

Índice

Páginas web

www.kidsource.com

www.naeyc.com

www.drjean.org

Acerca del autor

Sam Williams vive en la Florida con sus dos perros, Abby y Cooper. Cooper es muy bueno en compartir sus juguetes con Abby.

Ask The Author!
www.rem4students.com